Cuídate de las Relaciones Toxicas

José Augusto Rodríguez Paulino

Título: *Cuídate de las Relaciones Toxicas*

Fecha: 22/2/2019

Autor: José Augusto Rodríguez Paulino

Ilustración de portada

Primera edición

Resumen

Durante mucho tiempo he podido ver y constatar que muchos de nosotros, nos hemos visto metidos o involucrados en una relación toxica, es por ello el motivo de escribir este libro, que con mucho cariño y amor este servidor ha escrito, es mi intención que pueda servirle, mi intención como escritor no es que cada lector rompa con una relación, más bien, que pueda cuidarse, luchar por identificar sus problemas y entender que todo en la vida es un proceso que forja el carácter y la madurez de cada individuo.

En este libro detallo casos reales de personas que erróneamente buscaron el amor ero(amor pasional, carnal, de pareja basado en un concepto holístico de la sexualidad) o tal vez confundieron el significado tan amplio de este concepto universal relativo a cada ser humano de acuerdo a su raza, cultura, estrato económico y formación familiar, en los lugares donde no debían, con las personas equivocadas y se vieron manejando emociones, alterando su personalidad, destruyendo todos sus ideales por no saber manejar la situación hasta llegar a ser personas con muchos problemas en sus vidas producto de no poder salir de dicha situación, sin *embargo, otras terminaron sacando la mejor parte por entendieron el verdadero propósito de esta etapa aunque dolorosa y difícil se levantaron salieron adelante y encontraron la realización personal, aquí detallo cosas que me han pasado, cosas que he visto y la manera que se presentan en una relación.*

Pero en tercera persona viendo los casos desde una manera espacial, sin identificarse, ni fascinarse con un caso en común

¿Cómo identificar cuando estoy dentro de una relación toxica?

Lo primero que debes saber es que el termino relación es la conexión afectiva o especial que hay entre dos o más personas o cosas, sin que estas afecten los intereses personales de cada quien. En lo que a toxico hace referencia a un daño constante y repetitivo que lleva a un degaste biopsicosocial de un individuo que se refleja grandemente en su personalidad y actitud frente a las situaciones de la vida.

Una relación toxica es por lo tanto esa conexión afectiva con una persona o cosa que te consume te causa daño, no te permite avanzar y solo resalta tus lados más oscuros o cuñas ocultas solo para manipularte o persuadirte a hacer cosas o ejercer actos que solo benefician al otro sin importa tu integridad y salud mental.

A este mundo vinimos para aprender a tener un equilibrio, la felicidad se encuentra en el momento justo cuando te das cuenta que para ser feliz solo debes de cambiar tu actitud frente a los acontecimientos que

te presenta la vida, vive sin apego emocional ninguno
y veras como se vive a plenitud.

Índice

Capítulo I   El despertar

Para dar inicio a esta historia detallo de manera particular mi historia, mi nombre es Richard James, soy una persona exitosa, madura, perseverante, amorosa, recta y vivo una vida muy estable, pero no siempre fue así, quienes conocen mi pasado saben que yo estaba dedicado a ser uno más, producto de tantos altibajos que he tenido en esta vida, por muchos años viví mi vida por debajo de mis habilidades y talentos, pensé que podría vivir mejor si conseguía a alguien para compartir mis sentimientos ósea buscaba más que nada un estímulo, un motor, alguien que me sacara de la triste realidad que todos de una manera u otra experimentamos y experimente el lado amargo de la vida, eso era una falsa idea que mis amigos y yo teníamos y la pagamos bien caro, después de andar y salir de varias relaciones toxicas, destruirme y reconstruirme de adoptar nuevas personalidades, perder mi esencia hasta volverme un ser irreconocible, creerme otra persona, por ver que esa persona irradiaba seguridad y carisma, solo para demostrar que era una persona equilibrada, sintiendo una gran vacío dentro de mí, buscando la felicidad donde no la había, un día recostado en mi cama abatido, surgió en mí una inquietud y dije ya basta.

Medite en la situación que me había llevado a tantos desgaste emocionales, mis vicisitudes, periodos de desolación, en un momento me encontraba dentro de una gran depresión, determine que algo estaba fallando en mí, analice las situaciones de mis amigos que tampoco eran un gran ejemplo, entonces una vez sabía lo que quería hacer, analice como iba a lograr poner en práctica todo esas experiencias, que anteriormente me había fallado y a mis amigos, a diferencia de mis amigos, para verme admirado yo me escudaba en una gran mentira ocultando la realidad, yo era el que más sabia de relaciones, el consejero, pero en realidad era todo una falsa, cuando me canse lo supe, tenía que buscar experimentar que se sentiría conocer a esa persona ideal no solo inventar que yo terminaba las relaciones porque no me convenían, cuando era lo contrario, entonces luego de un periodo largo de estudio y pruebas funciono.

Llego esa persona a mi vida, la que siempre busque, una persona única en su clase, pero lo mejor del mundo no fue eso sino que mis amigos también pudieron estabilizarse, en base a las convivencias que *aprendí que este conocimiento no debía quedarse solo en mí, que debía escribir eso para las futuras generales y cualquier lector que esté pasando por las mismas situaciones que yo pase, me costó muchas lágrimas, desilusiones, procesos depresivos, pero te aseguro que cada minuto, cada segundo, valió la pena, valió, cada esfuerzo, vale cada alegría te voy a relatar como todo ocurrió.*

Capitulo II   El Inicio

Antes de fijarte en una persona o dejarte atraer a dar un paso hacia una relación, debes saber que buscas, si es algo estable, o algo inestable, (pero mucho ojo con esto si busca algo inestable terminaras enamorándote, formalizándote y al final pasaras por lo mismo que hiciste pasar a esa otra persona que le fallaste), antes que todo debes ser un investigador, debes darle muerte a los sentimientos y apoyarte en la razón, pues mejor saber en dónde estás parado, que no saber para dónde vas, por eso a continuación te daré varios consejos que nos sirvieron de mucho a nosotros.

Primero: *Lo primero que debes saber es que tu felicidad se encuentra dentro de ti, erróneamente pensamos nosotros, que está determinada por la opinión de los demás, por el nivel de vida en que vives, por tu círculo de amistades, o por la pareja que tengas, no eso es solo un complemento de lo que eres, porque eres único con muchos atributos, muchas cosas que mejorar, eres un ser maravilloso que nació para experimentar gozo, nadie puede medir tu valor solo tú mismo, por lo que debes hacer caso omiso a las cosas que no te eleven como persona, porque hasta que no* *sabes tú valor, nadie podrá dártelo, cuando dice un gran líder cuando descubras quien eres te lamentaras del tiempo que has perdido y realmente es así a mí me paso lo mismo. Una vez ya reconoces esto ya estás listo para poder buscar tu complemento.*

Segundo: *Al tratar de buscar ese complemento de tu felicidad debes investigar de que familia es, porque de acuerdo a la familia a la que pertenece hay rasgos y características que te pueden afectar mucho, por ejemplo si su familia es muy liberal, si les gusta tomar, si por generaciones la infidelidad es parte de su estilo de vida, si sus familiares están metidos en la drogadicción, porque inmediatamente comiences la relación todos los problemas de esas personas acarrearan sobre ti y tu por quedar bien con la persona que te gusta o te atrae terminaras atrayendo sobre ti todas sus malas costumbres y que cada vez ellos te hagan sentir bien terminaras cayendo en estado, que tendrás que ser un objeto o no tendrás a esa persona ahí para ti, por cierto al final nunca serás lo suficiente para una\mala persona para ellos hasta que no te lleven al terreno que quieren llevarte no serás el indicado.*

***Tercero:** Analiza bien, ¿Cuál es su pensar sobre si?, ¿Sabe cuáles son sus costumbres? Es muy difícil que una persona cambie su patrón de conductas y hábitos negativas sin que este fuera del circulo que propicia eso, sin principios y poca moral que han formado parte por años y está crea que no son malas, entonces, sucederá lo siguiente o te adaptas a sus costumbres y a su forma de pensar que por inexperiencia terminaras cayendo o tendrás que buscar otra relación para iniciar y si eres muy dependiente de ella no querrás salir por miedo al cambio y no saber manejar tus emociones pero es mejor salir a tiempo que tener una vida de sufrimiento.*

***Cuarto:** Debes saber ¿Cuál es el concepto que tienen de ella sus amigos o los de alrededor? Sé que no le caerá bien a todo el mundo, pero no es posible que todos hablen mal de esa persona, que no inspire nada bueno, debes comprender querido amigo que no andas detrás de nada y no todo el mundo puede estar equivocado.*

***Quinto:** Algo muy importante es ¿Cómo trata a sus padres? Si esa persona no es capaz de guardar respeto por los que le dieron la vida, lo criaron,* educaron, alimentaron y todavía están con ellos, mucho menos lo hará contigo, que has llegado recientemente a su vida, recuerda que la clave de toda relación aparte de la confianza es el respeto mutuo.

Sexto: ¿Cuál es el concepto que tiene de la vida? ¿Qué metas tiene? Es muy claro que el que no sabe lo busca, difícilmente encuentre, su camino, una persona sin metas, sin aspiraciones difícilmente te ayude a proyectarte, a   hacerte crecer a toda capacidad, a orientarte pero sobre a llevarte a ese nivel que tanto soñaste.

Séptimo: Debes presentártela a tus amigos y a tus padres para ver que piensan de esa persona porque tú por tener sentimientos encontrados, no veras pequeños detalles que pasan desapercibidos y demuestran realmente la clase de persona que es, por otro lado tus amigos tienen otros amigos y ellos pueden conocer el lado que tú no conoces y ellos te pondrán en alerta para evitar que cometas errores (ojo no es que todos tus amigos no quieren saber de esa persona es solo que tu no vez desconoces cosas que ya ellos conocen).

Octavo: Si esa persona muestra ser dócil, capaz de aceptar sugerencias sobre algo que está mal *o si se enoja pero luego lo reconoce y te pide perdón o excusas, es la persona que buscas, porque podrán progresar muchísimo juntos, podrán vivir muchísimas experiencias que lo llevaran a complementar su amor, porque si es una persona con antecedentes de violenta lo que pueden terminar es en una tragedia.*

__Noveno:__ Tú debes ser una persona de mente abierta, conversador pero no con todo el mundo, sino con personas de experiencias que te ayuden a enriquecer tu mundo, ya sea este un profesional en el área de psicología o psiquiatría, con tus padres, un líder comunitario, eclesiástico de buena reputación, que inspire o mantenga el respeto en su círculo social y que no tenga ningún vínculo afectivo con la persona que te interesa, para que después esa persona no sea un mediador de lo irremediable, para poder conversar sobre las situaciones que les están pasando, para que determines en donde está encaminada dicha relación, porque al final todos quieren lo mejor para sus familias y si eres la mejor opción siempre querrán a alguien como tu aunque solo sea para resolver los problemas.

__Decima:__ Ponte firme y decide que quieres en la vida, al iniciar una relación hay leyes inalterables, que atraerás con cada acción que hagas, lo que mal comienza, mal termina, lo que no se fundamenta en el respeto inevitablemente saldrá mal, lo temporal o pasajero te diré por experiencia propia te dañara bastante, si cambias por dicha situación te terminaras dañando totalmente, seria semejante a que salga un niño del vientre de su madre y lo lancen al mundo a adquirir experiencias, aunque creas que nada te va a afectar, siendo esta una vil mentira, las personas tienen el miedo de ser ellos mismo y terminan siendo el reflejo de lo que los demás, quieren ver o enseñan a ser quitándonos lo más preciado nuestra libertad, debes madurar lo suficiente, pero nunca perder la esencia que te caracteriza, ese sello de fábrica que te hace único y por el cual todos te conocen, así que medita y plantéate cómo quieres que te recuerden y que estás haciendo para ello, para lograr algo grande debes empezar ahora, porque decía un gran líder nuestras decisiones determinan nuestro destino.

Undécimo: Trata de adquirir una madurez emocional al grado de no depender de esa persona para estar feliz, de que un problema entre ustedes no afecte a terceros, tu mayor amor debe ser hacia ti mismo, la persona que llegues a amar no serás más *que un complemento de esa felicidad que ya tienes, por lo que te recomiendo que ames al grado de saber que puedes vivir si esa persona, porque puede que esa persona no esté preparado para alguien como tú, no quieras ser el centro gravitatorio de toda su atención, aunque parezca difícil de entender, eso te hará daño, nosotros pasamos por muchísimas malas experiencias, que te evitaras por la falta de autocontrol por no aprender a ser independiente de esa persona, tu nunca debes cambiar esa persona por el contrario ella debe complementar tu mundo, esa persona no debe limitarte el acceso a tus amigos, no debe acaparar todo tu espacio, no debe ponerte en contra de tu familia, esa persona debe darte cierta independencia, aunque muchos añoren a una persona que lo ame con locura es mejor tener a una persona que lo ame con la razón, porque el amor es circunstancial más la razón es para siempre, pueden que los sentimientos te traicionen en un momento de debilidad, pero la razón fundamental del ser quien eres nunca lo hará, porque entenderás que los altibajos de la vida son de personas con un proceso de aprendizaje a medias.*

Duodécimo: *Aprovecha tu relación no te idealices, disfruta cada momento, no pienses en lo que* va a ser, ni lo que será, entiende que la vida se vive de momentos, que cada instante es maravilloso, que todo pasa, es difícil cuando amas a una persona no hacerte ideas con ella, pero simplemente se realista, eso no es sano, porque si no vez lo maravilloso de esa persona, sino eres capaz de amarla como es, estarás encarcelando un alma que nació para ser libre, el que ama lo hace en libertad, de manera que solo te digo, disfruta al máximo de esa persona que está compartiendo sus sentimientos y experiencias contigo, no esperes demasiado, no te crees muchas expectativas, no mates su esencia, no dañes lo más bello de su ser, simplemente ama y al final siempre serás recordado por ello.

Decimotercero: Es muy necesario saber que no debes compartir en una relación íntima con una persona hasta que no estés totalmente establecido en una relación formal, que tengas planes a futuro, contrario a filosofía de hoy que primero se conocen íntimamente, sin saber a fondo quien es realmente esa persona entran en una relación, porque puede darse el caso que tú te sientas completo y feliz con esa persona, pero esta entienda que tú no eres lo suficiente porque no cumpliste o no te sentías preparado(a) para tener una relación sexual con esta, una vez despiertas esos deseos y le das prioridad en tu vida quedas atado automáticamente a esa persona que si no es de buenos sentimientos te utilizara y te manejara a su antojo, te dañara gravemente y terminaras muy mal, si no puedes lidiar con algún obstáculo sencillo de la vida, mucho menos lo harás con la falta de autocontrol y el deterioro psicosocial que tendrás, si caes en manos de una persona equivocada.

Nota: En el proceso de investigación de esa persona es mejor hacerlo en tercera persona no sea que te involucres tanto que tus sentimientos te traicionen y vuelvas a caer en otra relación toxica, sabiendo estos consejos difícilmente te equivoques más no esté exento a ello.

Capitulo III   El camaleón

Al igual que su nombre lo indica, aquí me refiero a esas personas con muchas experiencias y malos sentimientos, se dedican a estudiar a personas buenas sacarle un beneficio común una vez ya estudiada la persona esta se transformara en la persona que tú siempre te has idealizado o anhelas tener, te hará pensar y sentir que todos están errados, te aislara de todos y te hará totalmente dependiente para que nadie pueda decirte quien es realmente esa persona, antes que eso pase te hará entender que todos están errados, le tienen mala voluntad, envidia por el nivel en que esta, buscara justificar sus malas acciones con excusas para hacerte entender que los del problemas son los demás y no esa persona, si tu intentas decirle algo porque notes que algo raro pase se pondrá siempre a la defensiva o te hará sentir mal para que nos sigas con el tema o se enojara para que tú le busques el lado y así utilizarte, estudiara tus sentimientos tan a fondo que cuando encuentre tu mayor debilidad, te mostrara que nadie puede entenderte su situación que tú, por ello, él o ella se fijó en ti o tú te fijaste en esa persona.

Te hará entender que eres el hombre o la mujer más dichoso(a) de este mundo al tenerlo a su lado, que no existe ningún hombre o mujer capaz de amarte y quererte en la forma y la medida que él o ella lo hace. En palabras simples usara técnicas de manipulación, como llorar acordándose de los momentos y etapas más difíciles de su vida y hacerte creer que es por ti que está llorando para ver tu reacción, se te hará el sufrido(a) para analizarte, te mostrara confianza y se abrirá a ti para que puedas desahogarte y ver quién eres, pero tú puedes hacer caso omiso a eso, pero cuando se intercambian emociones hasta llegar a la copulación, eso es semejante a una droga que sin la experiencia y madurez necesaria te volverás prácticamente su esclavo.

Por ultimo tratara de tenerte a su lado mientras tengas una vida útil, cuando esto se termine ya eres basura, un objeto inservible te echara a un lado y te reciclara cuando muestres beneficio para esa persona, serás como un objeto que solo usara cuando sus demás planes le fallen. Debes entender que eres un experimento si sales adecuado a moldearte y hacer cumplir todas sus expectativas a expensas de destruir

*tu dignidad, integridad, moral y mancillen tu libertad,
eres y serás siempre el o la adecuada, con tantas altas
y bajas se deteriorara tu salud tanto física como
mental, no tendrás lo más importante para un ser
humano su paz, por lo que, no muestres debilidad y
niega todo lo que sientes, pues es mejor llorar de
felicidad en un futuro, que estar inmenso en un mar de
lágrimas, mientras dure tu existencia, la felicidad es
una decisión y esa decisión la tomas tú.*

Capitulo IV   La Razón

Unas de las claves principales por las cuales muchos son fríos, duros, con emociones negativas exteriorizadas son producto del compartir sus sentimientos con la persona equivocada y esto va creando una serie de cadena que se vuelven un círculo vicioso que los vuelve totalmente dependiente de esa persona con un apego emocional único que te ciega, te daña, pero cuando terminas una relación entonces vas dañando a todos lo de alrededor hasta caer en debilidades y para poder sentir refugio al dolor, caen en el alcohol, los cigarrillos, la promiscuidad, la violencia y terminan adoptando un trastorno de la personalidad para equilibrar ese problema no resuelto de una etapa de su vida, algunos arrastran con grandes enfermedades producto de esa vida desorganizada, lo peor del caso es que ese daño se hace tan habitual que en su gran mayoría casi todos muere sin resolver ese conflicto interno, porque en su psiquis esas personas piensan que después de esta etapa no podrían adaptarse a la vida y de manera errónea dicen que es la voluntad de un Dios que no conocen fruto del Karma o alguna ley no cumplida de la divinidad, atribuida a que esa sea su situación y no ellas se les atribuyen a sus malas acciones.

Cada persona es distinta pero los ancianos o personas maduras que se respetan difícilmente hablan mal de los demás por lo que te recomiendo preguntar por esa persona que te llama a la atención o que te gusta o estas empezando a sentir algo especial. Antes de tomar cualquier determinación sobre una decisión que vayas a hacer se frio(a), calculador(a), se de hierro, muestra que no admitirías ningún error, pues al final es mejor salir temprano de un problema que pasarse una vida llena de miseria, dolor y sin paz interior.

No con esto quiero decirte que no tengas sentimientos, pero esos sentimientos solo debe conocerlo la persona que realmente merezca estar ahí, tú eres un ser humano único, mereces lo mejor de la vida, naciste para ser feliz, pero el único que puede evitar eso ere tú mismo en base a las decisiones que tomas día a día en cuanto a cómo saber manejar tus emociones. Nunca pero nunca demuestres todos tus sentimientos hasta no conocer a fondo a esa persona que te interesa, porque terminara dañándote grandemente casi hasta el punto de no retorno y *convertirte en una persona miserable el resto de tu vida.*

No hagas planes a futuro solo se realista, vive el momento, no te ilusiones con un futuro que está sujeto a muchísimas variantes para que después no quedes atado a tus palabras porque al final, tu eres un excelente ser humano, te verás herido por que lo que dijiste no funciono y comenzaras a caer en un vacío existencial.

Capítulo V   Toxicidad Pura

En ocasiones nos vemos envueltos en situaciones las cuales afectan nuestra paz, nuestra integridad tanto física como moral, haciéndonos ver como culpables y la única forma de encontrar la tranquilidad es haciendo lo que la otra persona desea, te usan, te tiran, se burlan de ti y luego te alientan para hacerte creer que no habrá nadie igual, es igual o semejante a que alguien te haga una herida, pero cuando este sanando vuelva y la abra.

Es tan difícil vivir bajo la presión de que tu pareja te revise el celular contantemente, tus redes sociales solo para justificar su culpa al saber que está haciendo algo malo, crea que un desborde de violencia hasta hacerte sentir extremadamente devastado. La fidelidad y la lealtad son como perlas preciosas no tienen un precio pero son de valor incalculable, no se justifica ni por falta de afecto, ni por ninguna debilidad, por lo que su pareja le es infiel o desleal es porque ya usted no significa nada para ella, esos cambios bruscos en el patrón de comportamiento de tu pareja no son normales, mantente alerta que algo está pasando.

Si le perdonas la primera vez, es posible que ese patrón de comportamiento se repita a través de los años y usted no podrá vivir con la incertidumbre de que vuelva a ocurrir en cualquier momento y esto lo lleve a cometer un error que le lleve a perder todo por lo que usted tanto ha luchado, detente un momento, piensa vales tan poco como para ponerte debajo de todas aquellas personas que quieren hacerte daño o te consideras una persona de tan poco valor, tan inferior que no tienes o mereces el afecto de nadie, querido lector valórate, amate pero sobre todo importantízate.

Capítulo VI   Estoy Bloqueado

Unos de los grandes problemas de nosotros los seres humanos es que no enseñamos a los niños a ser personas emocionalmente maduras, creando así un desapego a las cosas, se nos enseña a ser posesivas al extremo, engreídas, y poco abiertas, se nos enseña erróneamente que debemos tener cierta discreción en cuanto a los que nos pasa, (ojo no estoy diciendo que debes ventilar tus cosas personas con todo el mundo), pero si puedes buscar ayuda profesional, ya sea esta de un psicólogo o psiquiatra o alguien que tenga mucha experiencia y que valga la pena, pero que no sea malintencionado porque después caerás en algo peor, pero sobre todo no se nos enseña a vivir en libertad, con un círculo social limitado, este individuo va creciendo y experimentando las diferentes experiencias de la vida, como puede y como los demás le enseñen, no son capaces de vivir más allá de lo que sus habilidades y dones puedan permitirles, entonces en busca de todas esas cosas que le faltan y al no tener un control de sus sentimientos, estas modifican tanto sus sentimientos que lo vuelven a ser un ser irreconocible.

Una vez allí esta persona sin una madurez emocional, sin experiencia y sin nadie que le ayude cae en los brazos de una persona equivocada que luego que le hace sentir cosas que nunca había sentido, además de compartir experiencias que sin la debida madurez nunca sabrían cómo expresarse y luego como esa persona no quería nada contigo, pasas a ser de una persona que lo era todo a ser nadie, a ser peor que un total desconocido, entonces después de sacarte todo el provecho del mundo, te dejan, al sentirte totalmente solo, vienen un mar de emociones a cuestas, con altos niveles de adrenalina sin tu saber cómo manejarse, te sentirás muy solo, lloraras constantemente, no querrás salir de tu habitación, harás todo lo posible por distraerse pero te vendrá a la mente esa persona, tu humor cambiara, pasaras de ser una persona alegre, a ser una persona desdichada, todos te preguntaran por esa persona y tu sufrirás por dentro, cada vez que recuerdes tu anterior relación generaras tanta ansiedad que no podrás dormir, no sabrás cómo manejar las distintas situaciones de la vida, lloraras eso no calmara tu dolor.

Serás objeto de burla en tu mente pensando que esa persona estará compartiendo con otro lo que debió compartir contigo, de ti se ríen las personas que saben lo que te paso, estas tan inmerso en una depresión que pensaras que nada vale la pena en la vida, ideas negativas llegan a ti, sufres y sufres te dolerá hasta lo más profundo, sientes que el mundo se te cae encima, en ese momento no quieres verle a la cara a esa persona que te dijo que algún día te iba a pasar, porque te fue mal, podrías pensar que te juzgara, esa persona te dejo sin familia y amigos porque mientras duro esa relación se empeñó en dejarte solo, para que únicamente acudieras a él o ella cuando estuvieras mal creando así una dependencia, pero así como una oruga pasa por un proceso llamado metamorfosis para convertirse en una hermosa mariposa, todo ese sufrimiento que no mereciste, te convierte en una persona desconfiada, aburrida, malhumorada y un desastre de ser humano y cada vez más negativo(a), hasta que llegue el momento de decir ya basta, que es lo que estoy haciendo, sacas toda esa negatividad, comienzas a ver la vida desde otro punto de vista, la falsa culpa se va, nace una nueva persona, comienzas a ser una persona admirable y reconocerás que eso era una etapa en tu camino a convertirte en la persona que eres ahora.

Capitulo VII   Como salir si ya estas dentro

A continuación te daré algunas pautas que me sirvieron bastante al momento de salir de una relación:

Primero: *Debes valorarte como persona, debes meditar en lo maravilloso o maravillosa que eres, en el valor que los demás te dan, en las personas que reconocen quien realmente eres en tus dones y talentos, no debes dejar que las palabras de nadie te identifiquen, porque como persona vales mucho y todos lo saben, las palabras de los demás no son más que el reflejo de sus creencias, convicciones y patrones educativos por lo que te recomiendo no prestar atención a la negatividad de nadie, no seas el zafacón de nadie, porque al final para atraer la felicidad se comienza con una actitud positiva y olvidando el pasado.*

Segundo: *Por difícil que parezca tú situación desahógate con un amigo de confianza o busca ayuda profesional, lidiar con el desapego emocional es algo muy difícil, si eres capaz de liberar tus emociones reprimidas o en otras palabras entrar en catarsis, podrás sentirte libre, liberarte de toda atadura o* cadena, (ojo esto no es para que resuelvas y vuelvas a la misma situación) es para seas feliz.

Tercero: *Aléjate de esa persona lo antes posible no permitas que afecte tanto tu integridad al grado de enfermar, recuerda que tus sentimientos son tuyos y por lo tanto deben estar sujetos a ti, quien te ama no te destruye, no te hiere, pero mucho menos te hace objeto de burla de nadie.*

Cuarto: *Bórrala o bórralo de tu cerebro imagina las cosas malas, cuando saliste herido sin haber hecho nada, lo que pasaste para arreglar las situación y al final terminaste siendo el peor, imagina que solo fue una pesadilla que tuviste y ya despertaste, trata de evitar todo conversación con esta persona y sobre esa persona en todos los aspectos, lo que no te ayude a sentirte mejor no debes considerarlo, bórralo (a) de tus redes sociales, imagina que todo es por un tiempo y ese tiempo ya paso, que al igual como en las películas todo llega a un final, hiciste lo necesario para arreglar las cosas no se pudo, así que ten paz, es difícil si no tienes fuerza de voluntad mas no imposible.*

Quinto: *Trata de enfocarte en algo que te apasione aprende un idioma, escribe un libro, practica un deporte, asiste a gimnasio, escucha música que te* suban el estado de ánimo, canta en un Karaoke, mira una película, disfruta de un videojuego, disfruta de tus compañeros, sal de la rutina y conoce cosas nuevas, haz cosas que nunca hiciste, medita todos los días en 5 cosas por las que estas agradecido en tu vida y busca esa conexión con tu creador en pocas palabras busca la paz que tanto anhelabas.

Sexto: *Déjala (o) ir no guardes dentro de ti la esperanza de que esa persona que tanto daño te hizo cambiara, sino lo ha hecho, nunca lo hará y difícilmente experimentaras la felicidad, que te espera a alguien que no te quiere de verdad, sino que te usa como un objeto reciclable, como un plato de segunda mesa, como un plan de reserva cuando todos fallen, recuerda nadie debe influir en tu decisión, como dicen por ahí para tras ni para coger impulso, porque al final tu felicidad es tuya.*

Sexto: *Perdónalo (a) pero no vuelvas a la misma relación, es importante que aprendas a dejar ir la rabia, la ira, la venganza, el enojo, porque la única manera de liberarte, sin importar cuales fueran las circunstancias, tu eres importante y sentirte herido solo te dañara, sentirte despreciado solo te dañara, sentirte traicionado solo te permitirá ser una persona* que no estará disfrutando de cada momento mágico que te espera, cada maravilla que está destinada para ti, así que perdona y perdónate a ti mismo, no sigas haciéndote daño, porque nada de lo que viene se te dará hasta que pases por esta etapa de limpieza interna y externa.

Querido lector en este capítulo me referiré a las parejas que tienen hijos en común, tus hijos no son un error, ellos son la bendición más grande que podrías tener proveniente de lo alto, no son los culpables ni de tus defectos psicológicos, ni de tus malas decisiones, pero mucho menos de que su físico, ni en su forma de actuar, se parezca a la persona que te causo tanto daño y por ende quieras pagar todas tus frustraciones con ellos de manera subconsciente.

Nada puede impedirte que experimentes gozo y la paz interna, si ya has meditado en cuando a que esa relación no es saludable para ti en ningún aspecto, no dejes que los hijos sean un impedimento para que seas feliz para eso estas aquí, para experimentar la felicidad, libérate de esa carga, debes ser responsable cumpliendo con las obligaciones que tienes como padre o madre de una creatura que no tiene culpa de todos los problemas que tuvieron ustedes, con el tiempo te darás cuenta que tus hijos cuando tengan las experiencias necesarias reconocerán tu valor, se sentirán orgulloso de ser tu hijo, porque siempre sabrán lo que siempre significaron para ti, así que *sigue adelante, no te dejes envolver de las ideas de nadie, solo tú sabes, ¿Cuál es tu situación? Podrás ser tildado como la peor persona del mundo pero al final todos saldrán avergonzados, cuando vean la verdad de las cosas, el comportamiento que tengas con tus hijos será el principal estandarte o el motor para poder llamar a la atención de esa persona que está esperando por ti y que por no prestar atención te has estado perdiendo.*

Capítulo IX   Conviértete en un toxicólogo

Debes convertirte en un estudioso de las personas toxicas, para que no repitas la misma situación, pues en tu vida siempre habrá momentos en los cuales por instantes no podrá ocultar quien es verdaderamente, cuando hay un cambio en el patrón de comportamiento muy repentino y sin ningún motivo en esa persona, ya nada vale la pena no importa lo que hagas, todo es motivo para hacerte sentir un ser despreciable, esa persona comienza a tener tiempo para todos, pero para ti no hay, cuando veas algo que no está bien, debes ser como un verdugo de la antigüedad y cortarle la cabeza a esa relación o como un árbol que no da fruto debes sacar lo raíz talarlo y echarlo al fuego, aunque duela, es mejor terminar algo que te hace sentir infeliz a tiempo y no vivir en una infelicidad eterna, si esa persona tiene gran negatividad dentro de sí, terminara afectando todos los planes que Dios, el universo o esa fuerza creadora, tiene para ti, si siempre busca una excusa a sus malas acciones, si es capaz de herirte constantemente solo para poder manipularte, si no te respeta, si quiere hacerte sentir miserable, sino quiere aceptarte cómo eres, si te engaña, si te miente *constantemente, si lo único que quiere es utilizarte y la descubre lo que verdaderamente está pasando, quiere atribuirte la culpa de su error haciéndose la víctima, querido amigo lector sal de esa relación, no permitas que nadie que no merece tu atención, ni tu amor, tu derrames una sola lagrima, se fuerte, se valiente, porque al final, te darás cuenta que esa persona quería matar tu esencia, destruirte, humillarte, hacer de tu vida un infierno para que fueras lo más infelizmente posible.*

Pero mira más allá y recuerda que tu vales mucho, ten dignidad, se libre, pero nunca olvides, que todo obra para bien y si pudiste salir de una relación es porque algo mejor te espera pero todo depende de ti

Capítulo IX   Creadores de Cerebro

Una vez ya estudiaste el panorama sobre el cual este parado debes ver las virtudes de esa persona y si está dispuesta a dejarte moldear, con mucho amor, sacrificio, paciencia y perseverancia debes comprender que una vida no se cambia de la noche a la mañana, que los hábitos son difíciles de dejar, que el apoyo de alguien es muy importante que por ocasiones debe ser dirigido, cuando algo le esté afectando a esa persona y deba dejarlo y no quiera, si ya elegiste a esa persona especial con la cual quieres compartir tus sentimientos, debes escudriñar el corazón para que de allí salgan sus mayores virtudes, debes mostrarle el camino mas no obligarlo a recorrerlo, debes estudiar su psiquis, debes enseñarle la forma que quieres que esa persona tiene que trabajar, porque ese cambio es necesario para su bien, un cambio que le ayudara a ser mejor amigo, padre, madre, hermano, pero sobre todo lo ayudara a encontrar la paz interna que tanto buscan los seres humanos, como todo proceso en la vida cuesta, debes entender que si esa persona se ha escudado en actitudes negativas y que de ellas ha hecho un hábito, que tiene falta de autocontrol, si empieza de manera brusca a ayudarle o muy rápido esa persona entenderá que siempre la estarás hiriendo, se sentirá muy mal delante de ti, terminara usando un escudo y te hará sentir el mismo dolor que esa persona sintió como un mecanismo de defensa o protección, cuando haces que una persona entre en catarsis(la liberas de todas sus situaciones negativas y traumáticas) la liberas pero debes encontrarle algo que hacer para que después no caiga en el mismo habito quizás de manera peor por miedo a la nueva etapa de cambio, cuando le dé una crisis y no sepa que hacer, trabaja con paciencia después habrá muchos problemas, si quieres avanzar mucho al principio no le expreses tus intenciones y si lo haces no deje que esto afecte el trabajo que ya estás haciendo porque después que ayudes a esa persona, esa persona querrá ayudarte en la misma forma a trabajar áreas en ti que podrías creer en una forma que no necesitabas ayuda, para sacar a una persona que siempre ha vivido en una cueva o un laberinto de negatividad, debes trabajar en el proceso de adaptación para después que esa persona salga de ese lugar oscuro y lúgubre.

Debes enseñarle la realidad de acapararse al nuevo mundo, no debes dejarlo solo nunca, debes comprender que esa persona debe estar dispuesta al *cambio, aunque nunca lo reconozcan, aunque te critiquen, aunque hablen mal de ti, siempre en su mente y en la mente de los demás tu siempre serás la persona que hiso lo que nadie ha hecho en la vida de esa persona y que le ayudo a salir de tantos problemas, ayudo a moldear lo inmoldeable, quien ayudo a crecer donde no se creía que se podía sacar nada, todos podrán ver lo maravilloso y fantástico que es ese ser que ayudo a aumentar el nivel de madurez emocional y la capacidad de amar consciente de esa persona que esa persona que estaba dedicada a ser uno más pero ahora es todo un ídolo o en otras palabras un gran líder, ten la satisfacción, porque aunque no se te reconozca tu formaste parte de ese plan, tú fuiste parte del puente para que esa persona que estaba muerta volviera a la vida y gozara de las grandes bendiciones de la vida.*

Capitulo X   Resignación y Esperanza

Lo primero que debes de hacer es aceptar que para ser feliz debes tomar la decisión de ser libre, después que pase esa relación toxica que solo vea en ti un manojo imperfecciones, que te hacía sentir alguien miserable, que todo tu afecto y amor no valía la pena para esa persona ni para nadie, no te preocupes por enamorarte que cuando menos lo esperes ocurrirá, entonces todas las piezas se colocaran en su lugar para la vida darte una oportunidad de ser feliz, llegara esa persona que siempre buscaste, siempre estuvo ahí, pero por no prestar atención no la viste o te la estabas perdiendo, esa persona te hará sentir el ser más especial de este mundo, te hará borrar las heridas del pasado, te enseñara a ver todo desde otra perspectiva, tus planes y todos tus proyectos se te darán, porque esa persona te estará facilitando todo el proceso, apoyándote, aconsejándote y guiándote, tus alegrías serán sus alegrías, tus tendrás en esa persona todo lo que buscabas y cuando mires atrás, darás gracias a Dios, el universo o esa fuerza superior que todo lo rige por haber dejado a esa persona, darás gracias eternamente, porque si no hubiera sido por esa etapa de tu vida pasada con éxito, nunca hubiera llegada esa persona que es la indicada, como dice un dicho cada oveja con su pareja, después de un tiempo pensaras porque no la había visto antes.

Entonces y solo entonces entenderás que todo llega a su tiempo solo te da para ser feliz y cuando veas el del problema que saliste, cuando veas situaciones que no tendrás que enfrentar, cuando te des cuenta porque de seguro lo sabrás que ha pasado por con esa persona, miraras hacia al cielo y dirás con gran fuerza, gracias señor porque has tenido misericordia de mí.

Capitulo XI   Solo me queda ser feliz

Una vez puedes identificar y analizar qué quieres y como lo conseguirás creando un equilibrio te puede pasar lo que a mí, ya en estos momentos me encuentro en el momento más preciado de mi vida en la cúspide de todo, he encontrado a una persona que va más allá de mis expectativas, cuyo grado de inteligencia emocional es muy alto, me ama de una manera racional, sabe cómo expresar sus ideas, me protege y me cuida mas no me daña, me hace sentir demasiado afortunado, me respeta, me comprende, me ama como soy, tiene la madurez suficiente como para entender que no hay una relación perfecta, ya no vivo con el miedo o la incertidumbre de pensar mal de esa persona, con el tiempo he comprendido que pensamos iguales, no es seguro que te idealices, no es bueno, ni saludable hacerlo, pero ella es mi persona ideal, la admiro grandemente, está delante de mi todos los días de mi vida, aquella persona por quien soñé, es una persona dócil y muy madura, soy una persona bastante independiente, gracias a aquella persona que moldeo mediante muchísimos altibajos, nunca pensé que ese proceso preparatorio fuera tan satisfactorio me refiero a mi antigua relación, ya que si no hubiera sido por mis relaciones anteriores no me hubiera sentido tan pleno como me siento ahora al encontrar la persona indicada, ya me encuentro con una maravillosa familia, tengo hijos, en esa persona he descubierto una maravillosa esposa, madre, amiga de verdad nunca pensé ser tan bendecido, pero eso no es todo, ella me ha ayudado a impulsar todo lo que emprendo, soy una persona que ha crecido bastante, mi pasado muestra mi éxito, mi presente mi mayor logro y mi futuro, este no existe, pero cada vez es más prominente, de manera abrumadora mi éxito no tiene límites, aprendí que mi felicidad no depende de nada, ni nadie, que ser feliz es una decisión, y desde que quise tomarla simplemente llego.

Espero que cada lector, se encuentre en la misma posición que yo, porque no tengo palabras para describir lo que siento, pero si lo que me espera y de ahora en adelante mi paz, mi prosperidad y el amor están en mis manos, siento que todo fue gracias al amor de un creador maravilloso que me vio y decidió que ya era suficiente, algunos le llamaran universo o una fuerza creadora superior o la divinidad, pero yo sé sin lugar a dudas que hacía a eso, nació algo dentro de

mí, que no tiene límites para crear cosas y nada puede
detener.

Capitulo XII   Reflexiones personales

Todo en la vida es cuestión de percepción independientemente en la situación que nos encontremos, todos los eventos que consideramos adversos están determinados en la medida que ejercemos nuestras acciones ya sean estas conscientes o no, pero nos ayudaran a fomentar nuestro carácter, transformar nuestra personalidad y actitud frente a las cosas puede que lo que hoy consideres como como el más grande error puede ser en un futuro tu más grande bendición, trata de crecer cada día, no guardes rencores, la vida es muy corta para eso, medita, autoanalízate y recuerda que esta vida es muy corta como para no encontrar el camino hacia la felicidad, la paz y la tranquilidad necesaria que te lleve a entender que cada persona es libre e independiente de sus actos, como ellos son y cómo fueron formados no tiene nada que ver contigo y tú solo eres parte de la historia de la vida de esa persona ya sea para enseñarle el camino o para quedarte en él, no te retribuyas nada o te recriminas el pasado es solo una sombra que si fue adverso era para que aprendieras algo, si no aprendiste la lección no podrás vivir a plenitud cada día de tu vida y el futuro se construyen con todas esas pequeñas cosas que haces con cada momento que te regalara el aliento de vida.

Por ultimo somos lo que pensamos, sentimos y hacemos, por eso te animo a que cambies tu manera de pensar, sea un ente de éxito no te limites a crear el mundo que tienes pensado hacer porque de lo contrario vivirás en el mundo que los demás crearan para ti.

Si no eres consciente de lo eres, de lo que vales no podrás alcanzar eso que tanto haz anhelado y tu legado a las futuras generaciones será borrado con el tiempo, por eso transciende en el tiempo, vive al máximo y experimenta en cada momento la felicidad construye el mundo y la vida que quieres pero no olvides sentir gratitud por la experiencia que te da cada momento de vida.

www.ingramcontent.com/pod-product-compliance
Lightning Source LLC
Chambersburg PA
CBHW051127250726
48655CB00007B/2924